Julia E. Limpke

Die Krippe

frei modelliert

Frech-Verlag Stuttgart

Fotos: Birgitt Gutermuth

Auflage: 5. 4. 3. 2. 1. | Letzte Zahlen
Jahr: 1992 91 90 89 88 | maßgebend

ISBN 3-7724-1190-8 · Best.-Nr. 1190

frech-verlag
GmbH + Co. Druck KG Stuttgart
Druck: Frech, Stuttgart 31

Meine Gedanken zur Krippe

Die Geburt im Stall – ein einziges Kind, ist für mich das größte Wunder aller Zeiten. Es verbindet uns Menschen schon fast zweitausend Jahre und sprengt unser Denken.
Dieses Wunder bricht unsere verhärteten Herzen und Gedanken auf – wenn auch nur einmal im Jahr. Dieses Kind gehört allen Menschen und Völkern dieser Welt.
Solange es noch in der Krippe liegen darf, solange wird es auch mit seinen strahlenden Augen der Menschheit helfen auf der Suche nach Halt und Frieden, Freude und Geborgenheit.

Ihre Julia Emmi Limpke

Arbeiten mit Ton

Keramik ist keine europäische Erfindung. Die ältesten nachgewiesenen Keramikarbeiten entstanden vor mehr als 9000 Jahren in Vorderasien. Von dort aus verbreitete sich die Technik in alle Richtungen. Auch in Europa faßte sie vor etwa 6000 Jahren Fuß.

Wer sich heute mit diesem geduldigen Material befaßt, fühlt bald, daß sich ihm eine völlig neue Welt auftut.

Der Fachhandel bietet Ton verbrauchsgerecht und vakuumverpackt an. Das heißt, er ist so vorbereitet und gemischt, daß man ohne ihn zu schlagen, ohne anzurauhen und ohne zu schlickern gleich formen kann. Der von mir verwendete Ton hat einen Schamotteanteil von 25 Prozent und eine Körnung bis zu 1 mm.

Die fertigen Figuren lasse ich, je nach Größe, drei bis vier Wochen trocknen und brenne sie dann nur einmal bei 1040 °C.

Nach dem Brennen behandle ich meine Figuren mit Steinpflege. Dadurch werden sie griffiger und bekommen außerdem einen warmen, seidigen Glanz.

Als Hilfswerkzeug benutze ich ein kräftiges Modellierholz; damit habe ich mehr Kraft in den Handgelenken. Außerdem muß mein Modellierholz immer etwas breitflächig sein, damit ich frei und großflächig arbeiten kann.

Für meine Arbeit brauche ich nicht viel Platz. Nur einen kleinen stabilen Tisch und eine drehbare Scheibe. Den Ton schneide ich zuvor in kleine handliche Stücke.
Als Unterlage benutze ich ein unbehandeltes Brett.
Ich brauche meine Figuren nicht auszuhöhlen, denn ich baue sie hohl auf.
Die dickste Stelle kann bei dieser Tonart 2 cm stark sein, keinesfalls dicker. Ton, der eigentlich eine Lehmmasse ist, wird ab 2 cm undurchlässig; er läßt weder Feuchtigkeit noch Luft durch.

Die Krippe - als Familie

Wir Krippenbauer sterben nicht aus. Selbst nüchtern denkende Menschschen greifen zu Werkzeug und Material, wenn Kinder unablässig nach dem Jesuskind verlangen.

Ich selbst habe mich vor zwölf Jahren, im weitesten Sinne, dem Thema „Christi Geburt" verschrieben. Die Liebe zu diesem Kind möchte ich weitergeben, pflegen, wecken und aufrecht erhalten. Nach jahrelanger Arbeit ist es mir gelungen, die Krippe in die Familien hineinzutragen und den Kindern die Möglichkeit gegeben, ihr Krippchen selbst zu bauen.

Immer mehr höre ich bei den Krippenbestellungen heraus (es sind zumeist junge Menschen aus allen Schichten), die Krippe so darzustellen, daß sie als eine Art Glaubensgut das ganze Jahr über aufgestellt werden kann.

Ich würde mich freuen, wenn Sie, liebe Krippenfreunde, einen Klumpen Ton in die Hände nehmen und jetzt ganz einfach mitmachen würden.

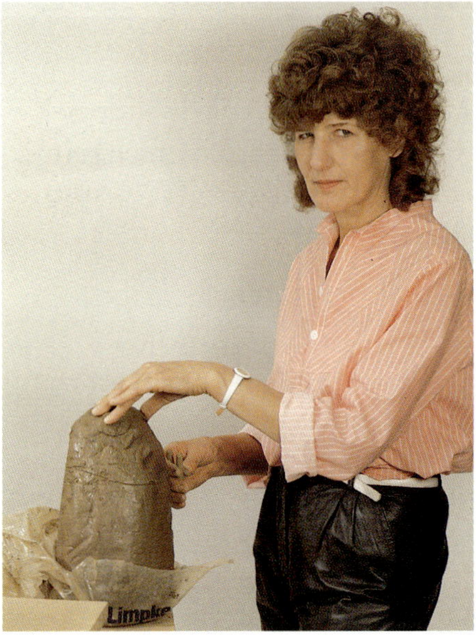

Für eine 35 cm hohe Blockkrippe benötige ich etwa 8 kg Ton mit einem Schamotteanteil von 25%. Diesen Ton gibt es gebrauchsfertig im Fachhandel zu kaufen.

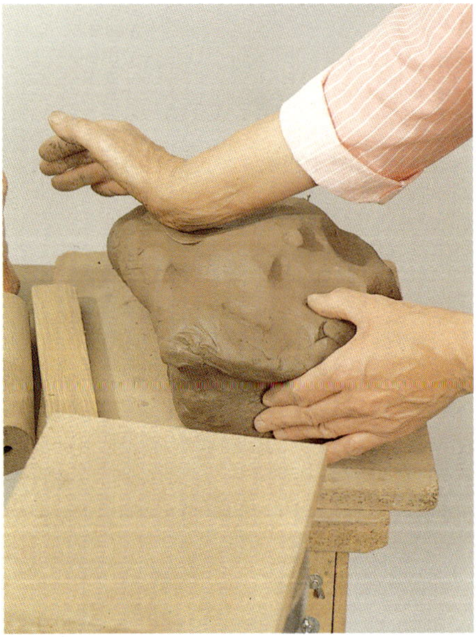

Den großen Klumpen schlage und knete ich kurz durch. Aus dieser Masse modelliere ich die Grundform. Damit die Arbeit später beim Brennen nicht platzt, muß sie nach Fertigstellung mit einer Drahtschlinge ausgehöhlt werden.

Zum Formen reichen an erster Stelle meine Hände. Werkzeuge sind nur Hilfsmittel.

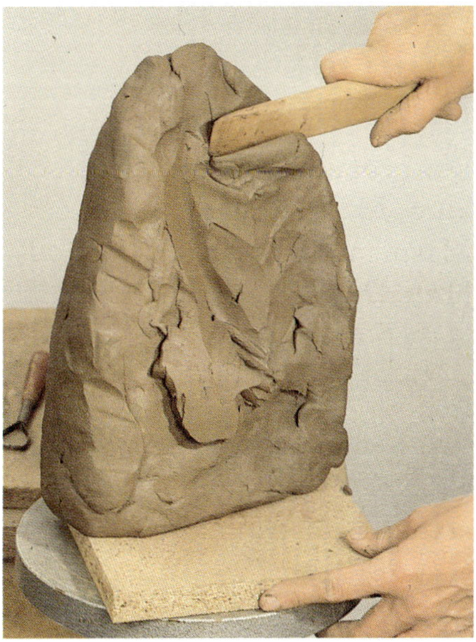

Mit einem breiten Modellierholz modelliere ich reliefartig den beschützenden Josef.

Hier vertiefe ich die Stelle, in der ich das Jesuskind legen werde.

Maria deute ich kniend an. Der Block hat jetzt eine Tiefe von 10 cm.

Mit der Modellierschlinge ziehe ich ein paar Falten ein.

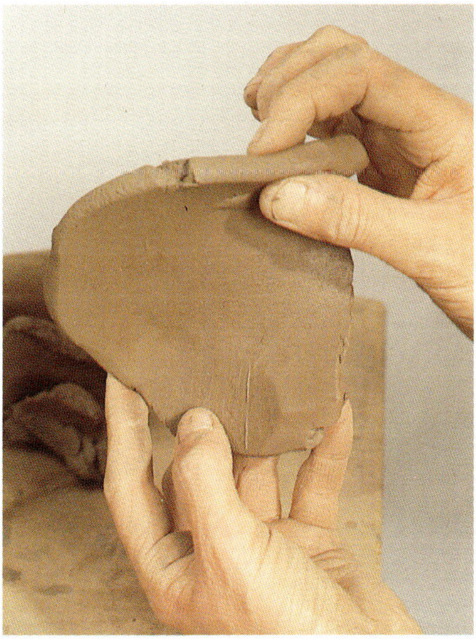

Für die Köpfe von Maria und Josef rolle ich je eine Tonplatte von 8 bis 10 cm und 1,5 cm Dicke aus.

Diese Tonplatte lege ich nun um meinen linken Mittelfinger, arbeite mit der rechten Hand die Falten ein und verstreiche sie nach unten.

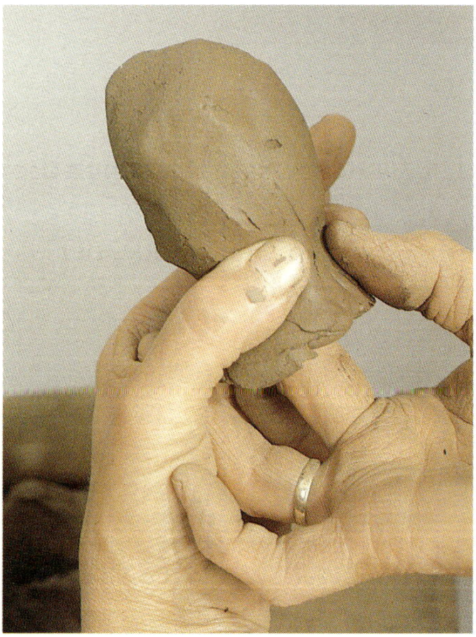

Diesen Vorgang wiederhole ich solange, bis ich die gewünschte Rundung der Kopfform habe.

Der Kopf, mit Hals gearbeitet, hat jetzt die Form von einem Ei.

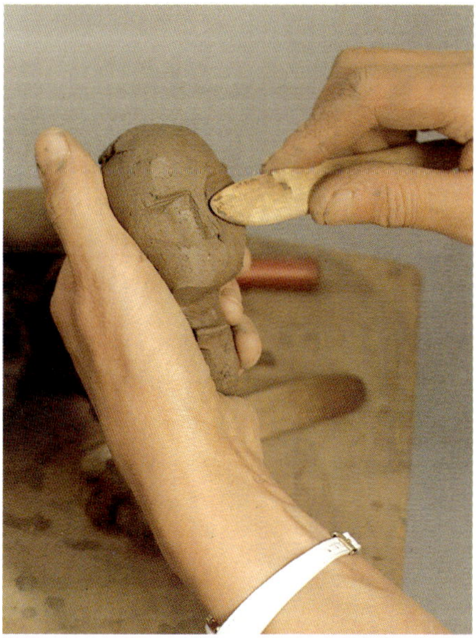

Die Gesichtslänge teile ich in drei Abschnitte ein. Der erste Teil macht die Stirnhöhle aus, der zweite Teil reicht bis zur Nasenspitze und schließlich bis zum Kinn.

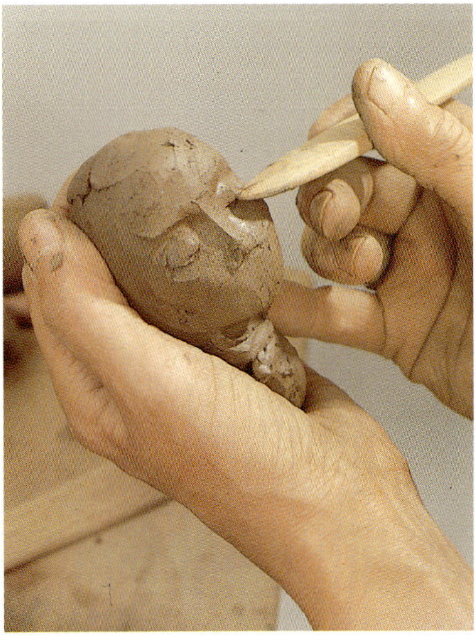

Mit einem kleinen, spitzen Modellierholz streiche ich die Augenlider herunter, da in diesem Fall Maria und Josef sich zu dem Kind neigen.

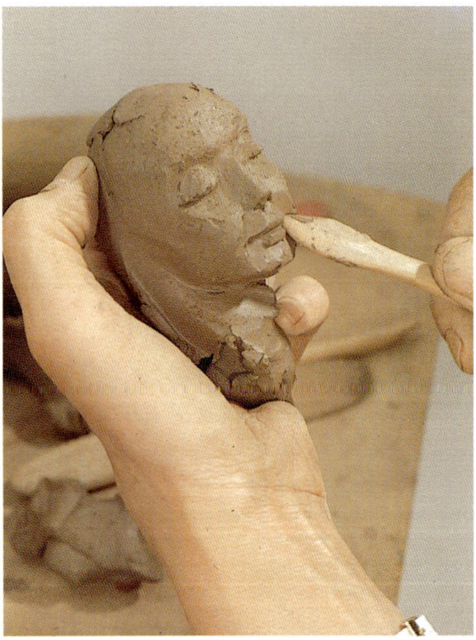

Die Nase, das mittlere Drittel der Gesichtslänge runde ich ab und arbeite die Nasenflügel und Nasenlöcher aus. Der Mund hat die gleiche Breite wie das Auge. Durch eine waagerechte Linie teile ich Ober- und Unterlippe. Die Mundwinkel drücke ich leicht ein.

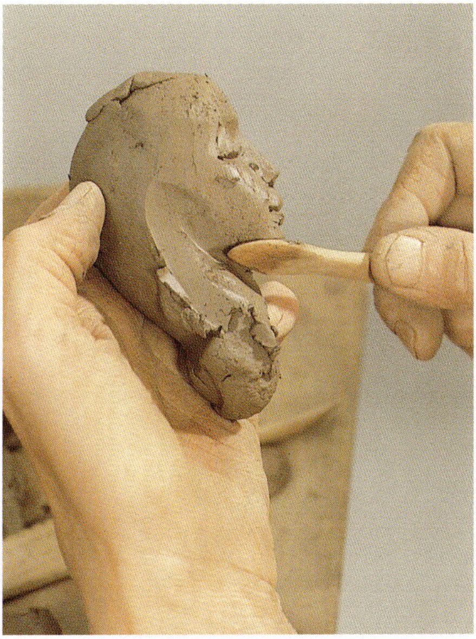

Nun modelliere ich den Unterkiefer waagrecht nach hinten. Anschließend ziehe ich den Halsmuskel nach vorne, schräg von der Wange am Unterkiefer vorbei.

In den noch massiven Körper stecke ich den schon fertig ausgehöhlten Kopf. Auf der Schädeldecke mache ich eine Öffnung, damit ich beim Anmodellieren mit dem Zeigefinger von innen den Gegendruck ausüben kann.

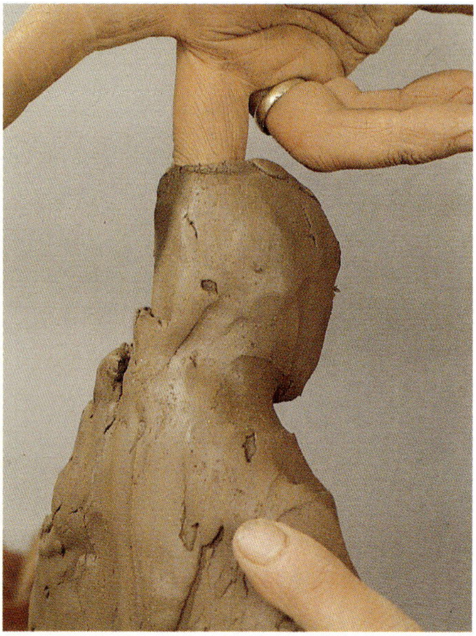

Der Kopf sitzt jetzt sicher und fest. Die Öffnung schließe ich einfach mit einer kleinen Tonplatte.

Nach dem bereits beschriebenen Verfahren arbeite ich auch den Kopf der Maria.

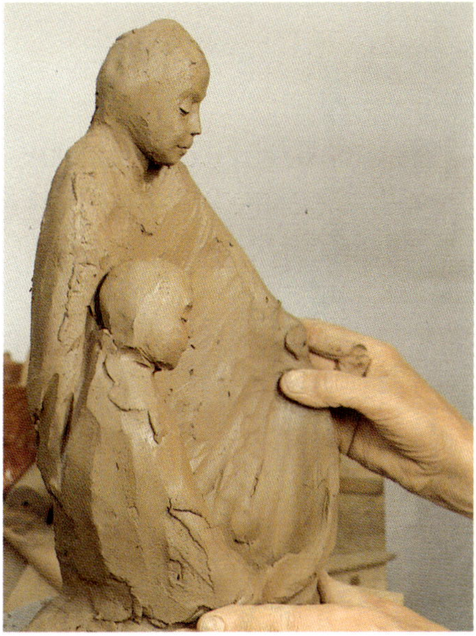

Der erste Arbeitsschritt ist getan! Jetzt brauchen Sie etwas Geduld. Da der Ton noch immer weich und formbar ist, sollten Sie jetzt versuchen, den Josef nach vorne zu beugen und ihm somit die gewünschte Haltung zu geben. In der linken Hand hält er das Tuch mit dem Kind und die rechte Hand liegt beschützend auf dem Rücken von Maria. Beide haben ihren Blick auf das Kind gerichtet.

Hier klopfe ich mit einer Latte die Rückenfront fest. Mit einem Modellierholz arbeite ich dann die Hände von Maria und Josef aus der Masse heraus.

Die Hände der Maria bleiben unter dem Tuch und sind deshalb nur angedeutet.

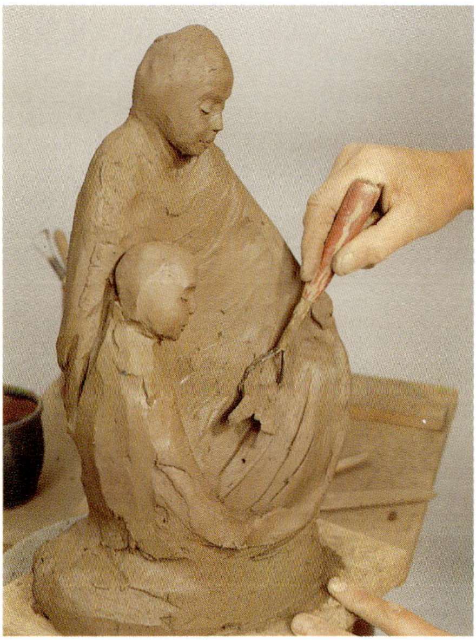

Mit der Schlinge ordne ich die Vorderseite und entscheide mich für die endgültige Haltung.

In meinem Buch „Tonplastiken“ habe ich bereits Schritt für Schritt gezeigt, wie ich ein Kinderköpfchen arbeite. Dieses Jesuskindköpfchen hat einen Durchmesser von 2 cm und bleibt somit massiv.

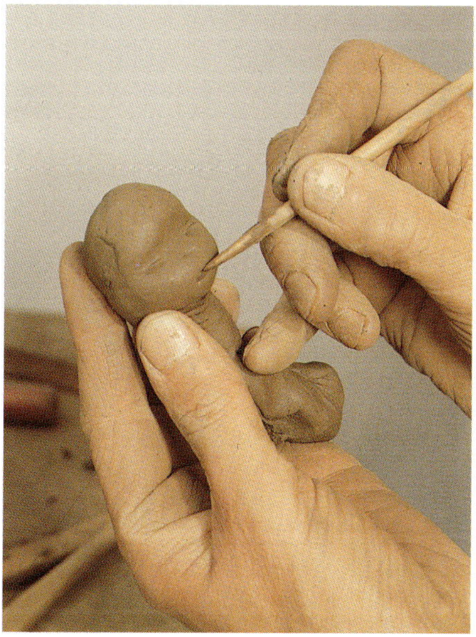

In dic Kopfmittc drückc ich cinc waagerechte Linie, etwa ½ cm tief. In die untere Hälfte zeichne ich Augen, Nase und Mund, in gleichen Abständen und Breite, ein.

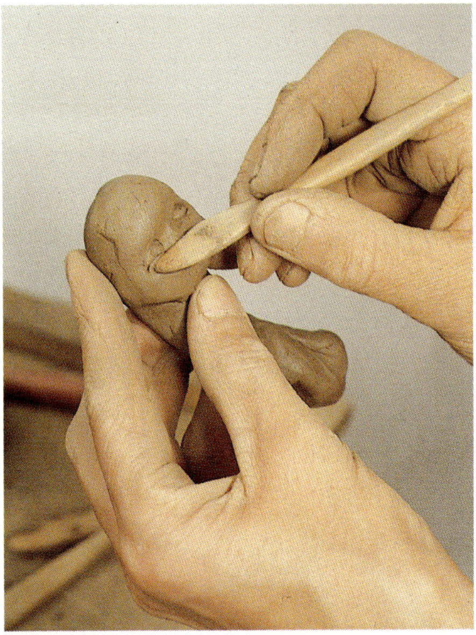

Die Augen sind geöffnet und liegen soweit auseinander, daß ein drittes Auge noch Platz dazwischen hätte. Die Linie des unteren Augenlides bleibt waagerecht und das obere wird stark nach oben gebogen. Die Nasenwurzel bleibt flach und die Nase winzig.

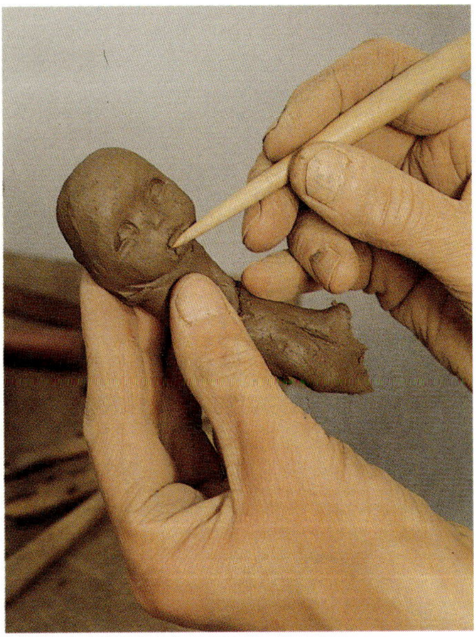

Den Mund, gleich breit wie das Auge, zeichne ich mit einer waagerechten Linie ein, werfe die Lippen auf und drücke die Mundwinkel etwas tiefer.

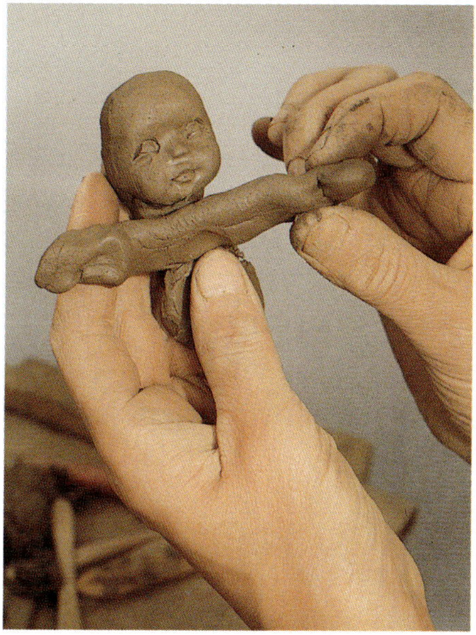

Arme und Hände entstehen aus einer Tonrolle.

Nachdem ich den Kopf mit Armen ins Tuch gelegt habe, streiche ich nur etwas Ton mit einem breiten Holzspachtel darüber.

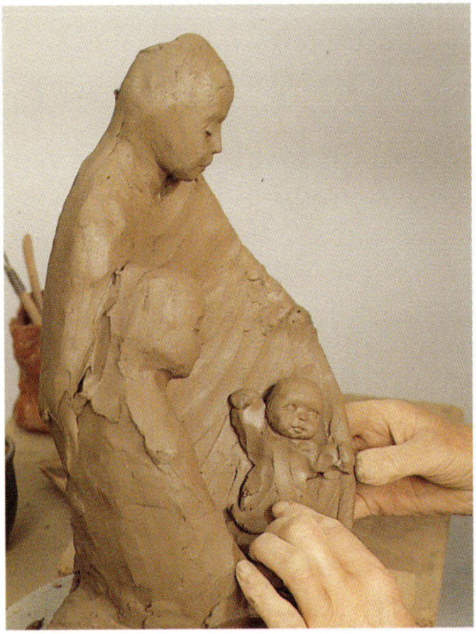

Damit die Außenschicht dieser fast fertigen Krippe etwas antrocknen kann, stülpe ich eine Plastikfolie darüber und lasse sie ein paar Tage stehen.

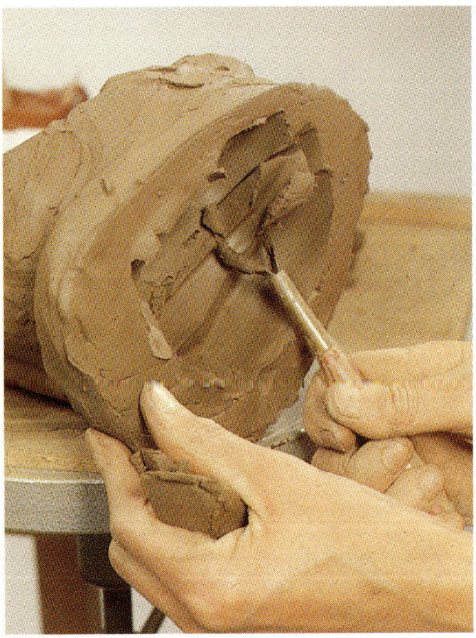

Der Krippenblock ist jetzt so stabil, daß ich ihn auf den Rücken legen und mit einer Schlinge von unten aushöhlen kann. Die Wand behält die Stärke von 1½ cm.

Damit es keinen Fehlbrand gibt, muß ich an mehreren Stellen, die dicker als 2 cm sind, Tonmasse herausholen.

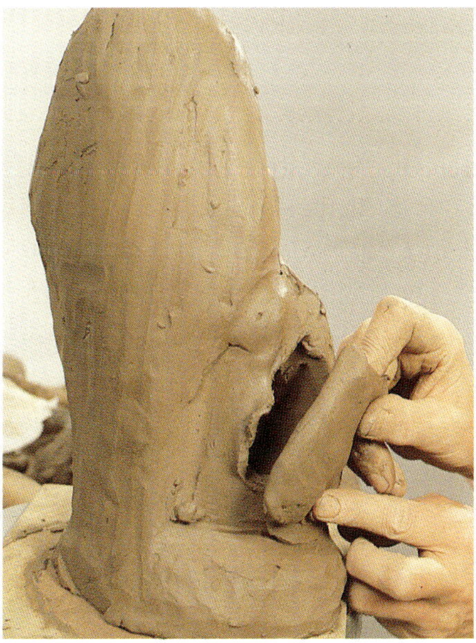

Nun verschließe ich diese Öffnungen mit einer Tonplatte.

Keine Angst, bei den lederharten Figuren verformt sich nichts mehr.

Dieser Werkstoff ist unwahrscheinlich geduldig. Ton ist ein Material, das die Menschen seit Anbeginn ihres Hierseins zum Formen angeregt hat. Und er wird seine Bedeutung in der Gestaltung unserer Umwelt nie verlieren.

Nachdem die Körper leergeräumt sind und die aufgelegten Tonplatten gut verstrichen sind, beginnt das Ausarbeiten. Mit Schlinge und Spachtel wird der Rücken und der vordere Faltenwurf geordnet.

Für die Haare nehme ich Schlikker, weil es am natürlichsten aussieht.

Unter dem Haaransatz im Nakken steche ich kleine Öffnungen, damit die eingeschlossene Luft beim Brennen entweichen kann.

Wer das Glück hat, seine Empfindungen und Gedanken bildlich gestalten zu können, wird bald seine eigene, individuelle Krippe formen.

Ich wünsche Ihnen eine tiefe Begegnung mit der Freude.

Machet auf das Tor

dunkler Ton, Klinkerbrand

Herbergsuche

aus weißem Ton
mit Braunstein behandelt

Limpke

Schwarzes Gold
aus dem Ruhrgebiet
„für's Kind"

Geburt

Tonrelief
mit Braunstein behandelt

Flucht

Ton
mit Braunstein behandelt

Stille Nacht

Ton
mit Braunstein behandelt

Julia E. Limpke konzentriert sich in diesem Band voll auf Kinderfiguren. Hier hat sie einen eigenen, liebenswerten Stil gefunden. Jeden Arbeitsschritt beschreibt sie ausführlich und anschaulich, aber sie wünscht sich von den Lesern, daß sie mit dem Ton eigenschöpferisch werden.

48 S., 62 Farbfotos
Best.-Nr. 1143